IQ-Training
für
Kinder
2022

Altersklasse: 8 – 12 Jahre

abwechslungsreich – spannend - effektiv

Aribert Böhme
Psychologische Beratung & Lerncoaching

Impressum

Alle Rechte liegen beim Autor
Düsseldorf, im Herbst 2021
E-Mail: Psychologische_Beratung_Boehme@gmx.de
Herstellung und Verlag: BoD – Books on Demand, Norderstedt
ISBN: 9783754373446
© 2021, Aribert Böhme

Bibliografische Information der Deutschen Nationalbibliothek

Die Deutsche Nationalbibliothek verzeichnet diese Publikation in der Deutschen Nationalbibliografie; detaillierte bibliografische Daten sind im Internet über http://dnb.d-nb.de abrufbar.

Danksagung

Das schöne Buchcover wurde – wie auch schon in den vorangegangenen Ausgaben dieser Buchreihe – von der 13-jährigen Schülerin, Hannah-Lea Bonk, gestaltet.

Herzlichen Dank liebe Hannah-Lea für dieses schöne Bild, das nun die neueste Ausgabe der Buchreihe „IQ-Training für Kinder" für das Kalenderjahr 2022 schmückt.

Es freut mich sehr, dass ich Dich auf Deinem angestrebten Weg zur Künstlerin ein wenig unterstützen kann, um somit Dein künstlerisches Engagement einem breiteren Publikum vorzustellen.

Für Deinen weiteren Weg wünsche ich Dir von Herzen alles erdenklich Gute!

Vorwort

Liebe Kinder,

herzlich willkommen hier im Lernland für schlaue Kinder.

Schön, dass du dieses Buch in deinen Händen hältst.

Damit hast du eine kluge Entscheidung getroffen.

Dieses Trainingsbuch kann und wird dir dabei helfen viele Fähigkeiten zu trainieren, die du auch in der Schule immer wieder benötigst.

Hier in diesem IQ-Trainingsbuch findest du viele Übungen zu folgenden Themen:

- *Logik*
- *Sprache*
- *Rechnen*
- *Gedächtnistraining*

Vermutlich fragst du dich schon, was wohl diese merkwürdige Abkürzung „IQ" bedeuten mag...?!

Hinter dieser Abkürzung verbirgt sich der Begriff „Intelligenzquotient".

Wenn du nun denkst, dass du genauso schlau bist wie zuvor, dann hast du recht. Warum?

Nun, unter dem Begriff „Intelligenz" kannst du dir vielleicht etwas Konkretes vorstellen. In der Alltagssprache benutzen Menschen dann oftmals solche Formulierungen wie z. B.:

Dieses Kind ist sehr schlau.
Dieses Kind ist sehr klug.
Dieses Kind ist sehr clever.

Bestimmt kennst du noch weitere Formulierungen, die alle miteinander zum Ausdruck bringen möchten, dass du über Fähigkeiten verfügst, die es dir ermöglichen, schwierige Situationen bzw. schwierige Aufgaben ohne fremde Hilfe selbstständig korrekt lösen zu können.

Den Begriff „Quotient" kennst du vermutlich schon aus dem Mathematik-Unterricht in der Schule?

Zur Erinnerung: Damit ist das Ergebnis einer Divisionsaufgabe gemeint, wie z. B.: 3600 : 60 = 60.

Der Begriff „Intelligenzquotient" (kurz: IQ) stellt – einfach gesagt – einen Zusammenhang her zwischen dem Lebensalter eines Menschen, und dessen Fähigkeit, Aufgaben selbstständig korrekt lösen zu können.

Was ist damit gemeint?

Hier ein konkretes Beispiel, das dir das Verständnis erleichtern wird:

Angenommen, ein acht Jahre altes Kind löst eine schwierige Aufgabe, die zumeist erst von einem zehnjährigen Kind korrekt gelöst werden kann, dann bedeutet das, dass das acht Jahre alte Kind diesbezüglich eine überdurchschnittliche Intelligenz besitzt, da es schon eine Aufgabe hat lösen können, die eigentlich erst für ältere Kinder (hier: Zehnjährige) entwickelt wurde.

Umgekehrt gilt: Angenommen, ein zehnjähriges Kind wäre nicht dazu in der Lage, eine Aufgabe korrekt zu lösen, die zumeist schon von achtjährigen Kindern richtig gelöst werden könnte, dann bedeutete das, dass dieses zehnjährige Kind über eine unterdurchschnittliche Intelligenz verfügt.

Ganz wichtig ist jedoch zu wissen, dass kein einziger Intelligenztest etwas über deinen Wert als Mensch aussagt.

Du bist – so oder so – ein wertvolles Kind, das über vielfältigste Fähigkeiten verfügt, die sich mit keinem Intelligenztest sinnvoll messen lassen.

Jedes Kind und auch jeder Erwachsene ist von Natur aus unterschiedlich.

Niemand, auch du, wurde vor der Geburt gefragt, ob sie oder er beispielsweise besonders gut rechnen kann, oder ob du vielleicht besondere Sprachfähigkeiten besitzt, oder ob ein Mensch künstlerisch begabt sein möchte?

Deshalb ist es sehr wichtig, dass du dich zwar darüber freuen darfst, wenn du beispielsweise besonders gut rechnen kannst, oder dass du vielleicht über gute Sprachfähigkeiten verfügst. Jedoch solltest du nicht den Fehler begehen, dich deshalb als besser oder wertvoller zu fühlen, als ein anderes Kind, das vielleicht in bestimmten Teilbereichen weniger gute Leistungen zeigt.

Klüger und besser ist es, wenn du daran denkst, dass eine gute Intelligenz vorwiegend nicht dein eigener Verdienst ist, sondern vielmehr ein Geschenk, das dir die Natur mit auf deinen Weg gegeben hat.

Von daher solltest du dankbar dafür sein, dass du von anderen Menschen als klug oder clever eingeschätzt wirst.

In diesem IQ-Trainingsbuch geht es also <u>nicht</u> darum einen Wettbewerb zwischen dir und anderen Kindern zu starten, mit dem Ziel, dass sich intelligentere Kinder womöglich anderen Kinder gegenüber überheblich verhalten, weil sie vielleicht bessere Testergebnisse erzielt haben.

Vielmehr wird dir dieses IQ-Trainingsbuch die Chance geben, viele Aufgaben frei und ungezwungen trainieren zu können, die dir auch in der Schule im weiteren Verlauf sehr nützlich werden könnten.

Bitte vergiss nicht:

Du lernst weder für deine Eltern, noch für deine LehrerIn oder für andere Menschen.

Du lernst einzig und allein für dich!

Du musst niemandem beweisen, dass du womöglich in bestimmten Schulfächern besser bist als andere Kinder.

Wichtig ist vor allem, dass du mit Freude lernst.
Wichtig ist, dass du vor allem deswegen lernst, weil dich viele Themen wirklich interessieren.

Unsere gesamte Welt könnte sehr viel freundlicher und friedlicher sein, wenn die Menschen begreifen würden, dass es für uns alle sehr viel besser ist, wenn jeder Mensch genau die positiven Fähigkeiten zur Entfaltung bringen könnte, die ihm die Natur geschenkt hat.

Vielleicht bist du auch traurig darüber, dass schon in der Schule Kinder dazu angeleitet werden, Leistungsvergleiche zwischen sich und anderen Kindern anzustellen, mit dem Ergebnis, dass dann vor allem genau solche Kinder traurig sind, denen die Natur eben leider keine hohe Intelligenz geschenkt hat.

Als kluges Kind, das du vermutlich bist, wirst du verstehen, dass ein wirklich kluges Kind sich zwar über eigene, gute Leistungen freuen wird, es sich jedoch nicht über womöglich schwächere Leistungen anderer Kinder lustig machen wird. Das ist nicht nur unfair, sondern vor allem auch sehr dumm!

Also: Sei ein kluges Kind, und nutze dieses IQ-Trainingsbuch in dem Sinne, dass du deine eigenen Fähigkeiten verbessern möchtest, um somit auch in der Schule gute Chancen zu haben. Hüte dich bitte davor, andere Kinder zu beleidigen oder zu hänseln, falls diese teils schlechtere Testergebnisse erzielen, sondern freue dich vielmehr über deine eigenen, guten Ergebnisse, und nutze deine Intelligenz auch dazu, anderen Kindern zu helfen, denen die Natur leider eine etwas schwächere Intelligenz geschenkt hat.

Wie kannst du nun mit diesem IQ-Trainingsbuch sinnvoll arbeiten?

Zunächst einmal ist es wichtig, dass du diesen IQ-Test nur in einem ausgeruhten und entspannten Zustand durchführst. Falls du z. B. Stress in der Schule hast, Ärger mit deinen Eltern oder MitschülerInnen, falls du dich nicht gut fühlst usw., solltest du bitte auf jeden Fall eher einen Zeitraum wählen, der für dich besser geeignet erscheint.

Während du den IQ-Test durchführst, musst du bitte unbedingt darauf achten, dass du durch nichts und niemand gestört wirst. So wäre es beispielsweise sehr schlecht, wenn Geschwister oder Freunde dich während des Tests in deiner Konzentration störten. Ebenso solltest du bitte unbedingt darauf verzichten Musik zu hören oder Fernsehen zu schauen. Auch dein Smartphone solltest du während der Testzeit unbedingt komplett entfernen. Jede unnötige Störung schwächt deine Konzentration. Und genau die ist bei der Durchführung dieses IQ-Tests sehr wichtig und unverzichtbar!

Je nach deiner persönlichen Arbeitsgeschwindigkeit wirst du für die vollständige Durchführung dieses IQ-Tests etwa vier bis fünf Stunden benötigen. Selbstverständlich darfst du dieses Trainingsbuch auch in kleineren Zeiteinheiten bearbeiten. Achte aber bitte darauf, dass keiner der Zeitabschnitte weniger als eine Stunde beträgt.

Falls du bei der einen oder anderen Aufgabe merkst, dass du absolut nicht weiterkommst, dann bearbeite einfach die jeweils nächste Aufgabe, damit du keine unnötige Zeit verlierst.

Sehr hilfreich wird es sein, wenn du deine Eltern darum bittest, dich bei der Durchführung dieses IQ-Trainingsbuchs zu unterstützen, indem deine Eltern darauf achten, dass die vorgegebenen Bearbeitungszeiten konsequent eingehalten werden. Ganz besonders wichtig ist, dass dir deine Eltern ansonsten keine Hilfen (z. B. Tipps zur Lösung) geben, denn das verfälscht natürlich das Testergebnis!

Welche Arbeitsmaterialien brauchst du zur Durchführung dieses IQ-Tests?

Außer einem Stift (Kugelschreiber, Füller oder Bleistift) darfst du ausschließlich deinen eigenen Kopf benutzen. In seltenen Fällen ist es bei einigen Aufgaben gestattet, dass du auch einen Schreibblock verwendest. Sollte das der Fall sein, wird in der betreffenden Testaufgabe ausdrücklich noch darauf hingewiesen.

Alle sonstigen Hilfsmittel, wie beispielsweise: Taschenrechner, Bücher, Schreibpapier, unterstützende Eltern oder ältere Geschwister usw. sind ausdrücklich verboten!

So, und nun kann's richtig losgehen...

Ich wünsche dir ganz viel Freude bei deiner Arbeit mit diesem IQ-Trainingsbuch sowie ein gutes und erfreuliches Testergebnis!

Und nochmals:

Bitte vergiss nicht: Wie immer auch dein Testergebnis ausfallen wird...

Du bist ein wertvolles und liebenswertes Kind.

Falls dein Testergebnis erfreulich ausfällt, darfst du dich voller Dankbarkeit darüber freuen.

Falls dein Testergebnis womöglich weniger gut ausfallen sollte, bedeutet das nicht, dass du kein wertvolles Kind bist, sondern lediglich, dass du deine Fähigkeiten in dem einen oder anderen Bereich in Zukunft noch deutlich verbessern kannst. Du schaffst das!

Wichtige Hinweise für deine Eltern

Liebe Eltern,

schön, dass Ihr Kind dieses IQ-Trainingsbuch bearbeiten möchte.

Das ist eine gute und lobenswerte Entscheidung!

Bitte bedenken Sie jedoch, dass es <u>nicht</u> Sinn und Zweck dieses IQ-Trainingsbuchs ist, Kinder dazu aufzufordern, sich in einen wechselseitigen Konkurrenzkampf um das womöglich beste Testergebnis zu begeben.

Das wäre kontraproduktiv, und ist hier ganz ausdrücklich <u>nicht</u> gewollt!

Vielmehr möchte dieses IQ-Trainingsbuch Ihrem Kind die Chance geben, vielfältige und typische Testaufgaben zu bearbeiten, wie sie im Rahmen diverser IQ-Tests in unterschiedlichen Situationen zum Einsatz kommen.

Primär geht es hier weniger darum möglichst viele Punkte zu sammeln, sondern vielmehr darum, auf eine ungezwungene und entspannte Art und Weise möglichst viele Testaufgaben bearbeiten zu können, um somit frühzeitig ein sicheres Gespür für zu erwartende Anforderungen entwickeln zu können.

Insofern sollten Sie bzw. Ihr Kind die ermittelten Testwerte allenfalls als eine grobe Orientierungshilfe verstehen; nicht jedoch als ein „in Stein gemeißeltes Ergebnis". Bitte bedenken Sie, dass es sich hierbei lediglich um eine Momentaufnahme handelt, die aus verständlichen Gründen von diversen Faktoren beeinflusst wird, auf die weder Sie, noch Ihr Kind einen signifikanten Einfluss haben.

Es liegt in der Natur der Sache, dass in dem hier primär als Zielgruppe avisierten Altersintervall von ca. 8 – 12 Jahren teils erhebliche

Unterschiede in den jeweils erreichten Entwicklungsstufen bestehen.

So werden beispielsweise die durchschnittlich zu erwartenden IQ-Werte zwischen achtjährigen und zwölfjährigen Kindern erheblich deutlicher voneinander abweichen, als dies in einem höheren Lebensalter bei Erwachsenen der Fall sein wird.

Von daher wird es so sein, dass manche der hier zu bearbeitenden Testaufgaben vor allem für jüngere Kinder relativ schwieriger zu lösen sein werden, da u. a. auch rein wissensmäßige Aspekte (z. B. geographische Kenntnisse usw.) mit in manche Aufgaben einfließen.

Dies sollten Sie bzw. Ihr Kind jedoch <u>nicht</u> als Benachteiligung wahrnehmen, <u>sondern</u> vielmehr als eine Chance – sozusagen „nebenbei" auch noch den eigenen Wissenspool ein wenig mit neuem Wissen auffüllen zu können.

Falls also Ihr Kind bei der einen oder anderen Aufgabe aus verständlichen Gründen sichtlich überfordert sein sollte, leiten Sie es bitte dazu an, in solchen Fällen einfach zur jeweils nächsten Aufgabe überzugehen.

Fundamental entscheidend wird sein, dass Ihr Kind dieses IQ-Trainingsbuch nicht als eine „zusätzliche Belastung" erlebt, sondern vielmehr als eine Möglichkeit, frei und ohne Druck vielfältigste Aufgaben trainieren zu können.

In diesem Sinne wünsche ich Ihrem Kind ein gutes Gelingen sowie viel Freude und spannende Stunden bei der Beschäftigung mit diesem IQ-Trainingsbuch.

Der Autor:

Aribert Böhme, Freiberufler seit 1988, bietet Dienstleistungen in folgenden Bereichen:

- Psychologische Beratung (Lernpsychologie, Familienpsychologie, Lebensberatung)
- Lerncoaching (Fernlehrgänge z. B.: SGD, ILS in den Fachbereichen Psychologische Beratung, Psychotherapie für Heilpraktiker usw.)
- Implementierung von Texten für Sachbücher in den Bereichen: Lernpsychologie, Psychologie, Pädagogik, EDV, Gesellschaft, Lebensweisheiten
- Coaching für Seniorinnen & Senioren (z. B. Gedächtnistraining)

Im Rahmen seiner freiberuflichen Dozententätigkeit hat der Autor bis dato (2021) ca. 9000 TeilnehmerInnen im Fachbereich EDV bei diversen, namhaften Instituten unterrichtet.

In seiner Funktion als Psychologischer Berater (SGD-Dipl.) bietet der Autor regelmäßig Klientensitzungen vor Ort für hilfesuchende Menschen in den Bereichen: Lebensberatung, Konfliktberatung, Familienpsychologie, Schulpsychologie sowie Lernpsychologie, an.

Bis dato (2021) hat der Autor 31 Titel im thematischen Umfeld von EDV, Lernpsychologie, Pädagogik, Gesellschaftskritik, Lebensweisheiten sowie drei Romane unter Pseudonym publiziert (inkl. einiger Auslandslizenzen für Frankreich, Polen und Russland). Zudem erfolgten Veröffentlichungen in namhaften Tageszeitungen (FAZ, Süddeutsche Zeitung, Rheinische Post usw.).

Seminare und Vorträge zu den Themen Motivationscoaching, Lernpsychologie, Lerntechniken, bietet der Autor sowohl als Firmenschulungen, wie auch als Privatseminare vor Ort an. Anfragen bitte grundsätzlich per E-Mail an:

Psychologische_Beratung_Boehme@gmx.de

Im Rahmen der Implementierung des vom Autor entwickelten NEURONET 2.0 im Umfeld der Neuroinformatik, mit dessen Hilfe Prognosen für Sportwetten erstellt werden können, erfolgte in den Jahren 2001 und 2002 eine ehrenvolle Aufnahme in die Who-is-Who-Lexika, Deutschland & Europa.

Düsseldorf, im Herbst 2021

Hauptgruppen für die IQ-Testaufgaben

A)   Sprachliche Intelligenz: Welches Wort passt nicht?

B)   Sprachliche Intelligenz: Gleiche Wortbedeutung?

C)   Sprachliche Intelligenz: Buchstabensalat

D)   Sprachliche Intelligenz: Buchstabengruppen

E)   Sprachliche Intelligenz: Buchstabenreihen

F)   Logisches Denken: Analogien

G)   Logisches Denken: Schlussfolgerungen

H)   Logisches Denken: Zahlenreihen ergänzen

I)   Logisches Denken: Silbenrätsel

J)   Logisches Denken: Wochentage

K)   Logisches Denken: Unmögliches erkennen

L)   Logisches Denken: Meinung oder Tatsache?

M)   Mathematische Fähigkeiten: Kopfrechnen

N)   Mathematische Fähigkeiten: Rechenzeichen einsetzen

O)   Beobachtungsgabe: Welches Zeichen ist anders in einer Reihe?

P)   Merkfähigkeit: Wörter einprägen

Q)   Merkfähigkeit: Begriffe merken

R)   Merkfähigkeit: Adressen merken

S)   Merkfähigkeit: Texte einprägen, anschließend Fragen beantworten

T)   Buchstabensalat

U)   Oberbegriffe finden

V)   Passende Begriffe finden

W)   Schnell Wörter finden

X)   Sinnlose Silben

Y)   Merkfähigkeit

Z)   Sudoku

A) Sprachliche Intelligenz: Welches Wort passt nicht?

In dieser Rubrik geht es darum herauszufinden, welches der jeweils vier Wörter inhaltlich nicht zu jeweils drei anderen Wörtern passt?

Beispiel: Rose – Tulpe – Eiche – Narzisse

Hier passt der Begriff „Eiche" nicht. Begründung: Alle anderen genannten Begriffe haben etwas mit dem Thema „Blumen" zu tun. Die Bezeichnung „Eiche" steht jedoch nicht für eine Blume, sondern für einen Baum.

1. Bleistift – Füller – Schulheft - Filzstift
2. Hamburg – Berlin – Amsterdam - Köln
3. Klassenzimmer – Aula – Lehrerzimmer - Bahnhofshalle
4. Flöte – Klavier – Trompete – Saxophon
5. Herz – Magen – Zeh - Lunge
6. Fußball – Handball – Basketball - Bogenschießen
7. Löwe – Hund – Katze - Meerschweinchen
8. Weitsprung – Hochsprung – Schach – Hürdenlauf

Bearbeitungszeit: 2 Minuten

B)   Sprachliche Intelligenz: Gleiche Wortbedeutung?

In dieser Rubrik geht es darum herauszufinden, welches der jeweils vier angebotenen Wörter inhaltlich dem jeweils vorgegebenen Begriff am ehesten entspricht?

Beispiel: Angenommen, das vorgegebene Wort lautet „aufmerksam".

Zur Auswahl stehen folgende Begriffe:
großzügig – achtsam – konzentriert – beliebt

Lösung: Der Begriff „achtsam" stimmt am ehesten mit dem Begriff „aufmerksam" überein.

Begründung: Die drei anderen Wörter beschreiben zwar ebenfalls positiv besetzte Begriffe, jedoch ist die bedeutungsmäßige Übereinstimmung am intensivsten mit dem Begriff „achtsam".

9. schön: nett – ansehnlich – günstig - gut
10. ungenau: falsch – schlimm – unpräzise - ungünstig
11. verneinen: missbilligen – widerlegen – ablehnen - beschönigen
12. ignorieren: nicht beachten – ablehnen – zustimmen – wegsehen
13. zustimmen: mitmachen – helfen – bestätigen - unterstützen
14. trödeln: beschleunigen – verlangsamen – ziehen - jammern
15. sauber: schön – rein – angenehm - wohltuend
16. mobben: verunglimpfen – necken – verleumden – böswillig ärgern

Bearbeitungszeit: 3 Minuten

C)   Sprachliche Intelligenz: Buchstabensalat

In dieser Rubrik geht es darum herauszufinden, wie aus einem vorgegebenen „Buchstabensalat" wieder das ursprüngliche Wort gebildet werden kann?

Beispiel: I R N L R E E H

Lösung: Hier lautet das gesuchte Wort „LEHRERIN".

17. N O R C A O
18. I E F T Z I R E
19. P A Z E S L I L P T
20. U I R S V
21. N C Ä M R E H
22. D F E N U N I R
23. D C L N O WO K
24. S E I E L I D E
25. N R E F E I
26. P G U N I M F

Bearbeitungszeit: 20 Minuten

D)   Sprachliche Intelligenz: Buchstabengruppen

In dieser Rubrik geht es darum herauszufinden, welche Buchstabengruppe nicht nach der gleichen Regel gestaltet ist, wie alle anderen?

Beispiel: Angenommen, es seien folgende Buchstabengruppen vorgegeben:

a)   ABCDE
b)   BCDEF
c)   CDEFG
d)   ZYXWV

Lösung: Hier wäre die richtige Antwort, Gruppe (d) – ZYXWV – passt nicht zu den anderen Buchstabengruppen. Begründung: Hier erfolgt die Sortierung der Buchstaben in alphabetisch absteigender Reihenfolge, wogegen alle anderen Buchstabengruppen alphabetisch aufsteigend sortiert vorliegen.

Bearbeitungszeit: 8 Minuten

Hinweis: Für diese Aufgabe darfst du ausnahmsweise auch einen Schreibblock verwenden, damit du dir als Bearbeitungshilfe das Alphabet aufschreiben kannst.

27.   ACEGI
      DGJMP
      BDFHJ
      CEGIK

28.   ABCEF
      EFGIJ
      MNORS
      IJKMN

29. AEIXY
   EIOVW
   IOUST
   BCDFG

30. KLMNO
   ABMYZ
   BCMXY
   CDMWX

E) Sprachliche Intelligenz: Buchstabenreihen

In dieser Rubrik gilt es herauszufinden, nach welchem Prinzip die jeweiligen Buchstabenreihen konstruiert sind, um dann entscheiden zu können, wie die jeweilige Buchstabenreihe logisch fortgesetzt werden müsste?

Beispiel: Angenommen, es sei folgende Buchstabenreihenfolge gegeben: a – e – i – m – q - ?

Lösung: Hier lautet die korrekte Fortsetzung: „u".

Begründung: Zwischen allen Buchstaben in der vorgegebenen Reihenfolge fehlen jeweils – alphabetisch aufsteigend – die drei folgenden Buchstaben. Von daher muss nach dem letzten hier vorgegebenen Buchstaben „q" geprüft werden, welche die drei dann folgenden Buchstaben in alphabetisch aufsteigender Folge wären, die es zu überspringen gilt. Hier wären das demnach die Buchstaben r – s – t, sodass die Folge mit dem Buchstaben „u" anstelle des Fragezeichens fortgesetzt werden müsste.

Hinweis: Für diese Aufgabe darfst du ausnahmsweise auch einen Schreibblock verwenden, damit du dir als Bearbeitungshilfe das Alphabet aufschreiben kannst.

Bearbeitungszeit: 15 Minuten

31. a – e – i – o - ?
32. c – g – k – q - ?
33. a – e – i – m - ?
34. d – h – l – r - ?
35. u – o – i – e - ?

F) Logisches Denken: Analogien

In dieser Rubrik geht es darum herauszufinden, welche Analogien (wechselseitigen Verhältnisse) zwischen vorgegebenen Begriffspaaren existieren?

Beispiel: laut : leise   Lärm : ?
                Bewegungslosigkeit – Stille – Geräusch – Flüstern

Lösung: Hier wäre es das Lösungswort „Stille", da es in einem
                analogen Verhältnis zum Begriff „Lärm" steht, wie der
                Begriff „leise" zum Begriff „laut".

Bearbeitungszeit: 2 Minuten

36. Sonntag : Wochentag   Oktober : ?
    Tageszeit – Monat – Jahreszeit - Zeiteinheit
37. Michelle : Musikerin   Rumpelstilzchen : ?
    Sportler – Märchengestalten – Vornamen - Filmstars
38. Bäckerin : Brötchen   Schneiderin : ?
    Ball – Kleid – Kartoffel – Mittagessen
39. Coronavirus : Virologe   Klassenarbeit : ?
    Schulhof – Aula – Lehrerin – Lehrerkonferenz
40. Sprechen : Mund   Riechen : ?
    Ohren – Ton – Nase – Herz
41. Würzburg : Großstadt   Bitburg : ?
    Ort – NRW – Bundesland – Kleinstadt
42. Chemie : Naturwissenschaft   Spanisch : ?
    Lehrerin – Schülerin – Kartenspiel – Sprache
43. Schach – Läufer   Mau Mau : ?
    Kartenspiel – Herz 7 – Freizeitspaß – Skatblatt

G)   Logisches Denken: Schlussfolgerungen

In dieser Rubrik geht es darum logisch korrekte Schlussfolgerungen aus einer vorgegebenen Anzahl von Teilaussagen ziehen zu können.

Beispiel: Wenn A kleiner ist als B, und C kleiner ist als B, C jedoch größer ist als A, wer ist dann am größten?
Lösung: Hier wäre B die korrekt Antwort.
Bearbeitungszeit: 14 Minuten

44. Wo sind die Schokoriegel am billigsten?
    Im Laden A sind die Schokoriegel teurer als in B. In Laden D sind sie teurer als in C, aber billiger als in B.

45. Welcher Comic hat die meisten Seiten?
    Im Comic A gibt es mehr Seiten als in C. Der Comic D hat weniger Seiten als der Comic B. Der Comic B hat mehr als Seiten als der Comic A.

46. Wer ist am freundlichsten?
    Marina ist genauso freundlich wie Iris. Simone ist weniger freundlich als Marina. Barbara ist freundlicher als Iris.

47. Wer wiegt am meisten?
    Tobias ist schwerer als Kevin aber leichter als Max. Michael ist leichter als Tobias, aber schwerer als Kevin.

48. Wer hat den höchsten IQ?
    Karin hat einen höheren IQ als Michelle, aber einen niedrigeren IQ als Franz. Der IQ von Franz ist höher als der IQ von Michelle. Karin hätte den höchsten IQ, gäbe es Franz nicht.

49. Wie alt ist Henriette?
    Iris ist 11 Jahre älter als Tom. Tom ist 14 Jahre älter als Sebastian, der 34 Jahre alt ist. Henriette ist zwei Jahre jünger als Tom.

50. Wie viele Töchter gibt es?
    In einer Familie hat jede Tochter dieselbe Anzahl von Brüdern wie Schwestern, und jeder Bruder hat doppelt so viele Schwestern wie Brüder.

H)   Logisches Denken: Zahlenreihen ergänzen

In dieser Rubrik geht es darum, dass du die in den Zahlenreihen versteckten Muster entdeckst, nach denen die jeweils nächste Zahl eindeutig gebildet wird.

Beispiel: $2 - 4 - 6 - 8 - 10 - 12 - ?$

Deine Aufgabe besteht nun darin herauszufinden, welche Zahl anstelle des Fragezeichens eingesetzt werden muss, damit das in dieser Zahlenreihe enthaltene Berechnungsmuster logisch konsequent fortgesetzt wird.

Lösung: Hier lautet das Berechnungsmuster: $+ 2$
Demnach lautet die gesuchte Zahl hier: 14

51. $1 - 5 - 9 - 13 - 17 - ?$
52. $3 - 6 - 12 - 24 - 48 - ?$
53. $1 - 3 - 4 - 12 - 13 - ?$
54. $1 - 2 - 4 - 7 - 8 - ?$
55. $1 - 9 - 25 - 49 - 81 - ?$
56. $100 - 93 - 86 - 79 - 72 - ?$
57. $1 - 4 - 6 - 24 - 26 - ?$
58. $11 - 22 - 33 - 44 - 55 - ?$

Bearbeitungszeit: 16 Minuten

I) Logisches Denken: Silbenrätsel

Aus den jeweils vorliegenden Silben sollen pro Aufgabe drei Wörter (Hauptwörter in der Einzahl) gebildet werden. Die Silben werden absichtlich nur mit Kleinbuchstaben vorgegeben, damit nicht zu leicht ersichtlich ist, welche Silbe jeweils den Beginn eines gesuchten Wortes bildet.

Beispiel: Angenommen, es seien folgende Silben vorgegeben:

fel – la – blei – au – stift – za

Lösungswörter: Bleistift – Tafel – Aula

Bearbeitungszeit: 5 Minuten

59.   pho – platz – ne – ler – spiel – fül - smart

60.   richt – prü – un – se – fung – ter – pau

61.   chen – mob – rei – bing – bü – mär – che

62.   on – zeug – zeit – zen – frei – nis – kon – ti – tra

63.   seh – ro – burts – turm – ge – del – fern – bahn – tag

J)   Logisches Denken: Wochentage

In dieser Rubrik geht es darum herauszufinden, welche Wochentage sich aus einer gegebenen Zeitbeschreibung logisch ableiten lassen?

Beispiel: Angenommen, die Aussage lautet:
                Wenn heute Mittwoch ist, welcher Tag ist dann zwei
                Tage nach Übermorgen?

Lösung: Hier lautet die korrekte Antwort: Sonntag.
                Begründung: Wenn heute Mittwoch ist, dann wäre
                übermorgen demnach Freitag. Zwei Tage nach Freitag ist
                dann also Sonntag.

Bearbeitungszeit: 6 Minuten

64.   Vor zwei Tagen war Samstag. Welcher Tag ist dann übermorgen?

65.   In zwei Tagen wird Montag sein. Welcher Tag ist dann fünf
        Tag nach vorgestern?

66.   Vor drei Tagen war zwei Tage nach Samstag. Welcher Tag ist
        dann morgen?

67.   Wenn vorgestern Freitag war, welcher Tag ist dann zwei Tage nach
        übermorgen?

68.   Welcher Wochentag wird drei Tage nach übermorgen sein,
        wenn gestern Sonntag war?

K) Logisches Denken: Unmögliches erkennen

In dieser Rubrik geht es darum Unmögliches zu erkennen.

Beispiel: Welche der folgenden Behauptungen ist richtig?

Es ist unmöglich, dass...

a)   … ein Mensch 110 Jahre alt wird.
b)   … ein Mensch ohne Sauerstoff länger als fünf Stunden überlebt.
c)   … ein Mensch ohne Nahrung länger als sieben Tage überlebt.
d)   … ein Mensch nur vier Finger an seiner linken Hand hat.
e)   … ein Mensch ohne Blinddarm überlebt.

Lösung: Hier wäre die korrekte Antwort unter dem Buchstaben b
               zu finden. Begründung: Ja, es stimmt, dass ein Mensch ohne
               Sauerstoff nicht länger als fünf Stunden überleben kann.

Bearbeitungszeit: 4 Minuten

69.   Es ist unmöglich, dass ein 14-jähriges Mädchen...

a)   … mehr wiegt als ein 30-jähriger Mann.
b)   … mehr Märchen kennt, als eine 80-jährige Frau.
c)   … schneller laufen kann als ihr Klassenlehrer.
d)   … Bundeskanzlerin sein kann.
e)   … intelligenter ist als der klassenbeste Junge in ihrer Klasse.

70. Es ist unmöglich, dass ein Buch...

a) ... weniger als 100 Gramm wiegt.
b) ... mehr als 150 € kostet.
c) ... mehr als 50 Fotos enthält.
d) ... aus Gummibärchen besteht.
e) ... weniger als 1 € kostet.

71. Es ist unmöglich, dass die kleinste dreistellige Zahl...

a) ... mit 9 multipliziert werden kann.
b) ... ohne Rest durch sieben dividiert werden kann.
c) ... verdoppelt werden kann.
d) ... um den Wert 99 erhöht wird.
e) ... 77 mal verdoppelt wird.

72. Es ist unmöglich, dass ein Krokodil...

a) ... Limonade trinkt.
b) ... eine Pizza futtert.
c) ... eine Geschichte vorlesen kann.
d) ... sich im Wasser um die eigene Achse drehen kann.
e) ... einen großen Thunfisch fressen kann.

73. Es ist unmöglich, dass...

a) ... es schwächere Jungen als Mädchen gibt.
b) ... dass es Sonnen mit der mehr als dreifachen Größe unserer Sonne gibt.
c) ... es Lehrer gibt, die drei Fächer unterrichten können.
d) ... es Planeten gibt, die größer sind als unsere Erde.
e) ... ein Mensch mit einem Flugzeug zu unserer Sonne fliegen kann.

L)   Logisches Denken: Meinung oder Tatsache?

In dieser Rubrik gilt es herauszufinden, ob es sich bei einer Aussage um eine Meinung oder um eine Tatsache handelt?

Beispiel: Angenommen, es seien folgende Aussagen gegeben:

a)   Blau ist eine sehr schöne Farbe.
b)   Ein Tag auf der Erde besteht derzeit aus 24 Stunden.

Lösung: a)   Meinung – nicht objektiv begründbar
               b)   Tatsache – objektiv belegbar gemäß Vereinbarung

Bearbeitungszeit: 2 Minuten

74.   Der Saturn ist größer als der Mars.
75.   Harry Potter ist der Name einer Kinderbuchfigur.
76.   Kakao schmeckt köstlich.
77.   Mädchen sind mehrheitlich sprachgewandter als Jungen.
78.   Auf der Erde leben derzeit (2022) knapp acht Milliarden Menschen.
79.   Marzipan schmeckt besser als Gummibärchen.
80.   Köln ist die schönste Stadt am Rhein.
81.   Mädchen wiegen durchschnittlich weniger als Jungen.
82.   Jungen haben mehrheitlich einen besseren Orientierungssinn als Mädchen.
83.   Lesen bereitet mehr Freude als Basteln.

M)   Mathematische Fähigkeiten: Kopfrechnen

In dieser Rubrik werden deine Fähigkeiten im Kopfrechnen getestet. Zur Bearbeitung dieser Aufgaben sind keinerlei zusätzliche Hilfsmittel (Papier, Bleistift, Taschenrechner usw.) erlaubt. Einzig deinen Kopf darfst du zur Lösung der folgenden Aufgaben verwenden.

Bearbeitungszeit: 12 Minuten

84. $11 + 14 + 23 = ?$
85. $111 - 32 + 16 = ?$
86. $38 * 2 * 3 = ?$
87. $1024 / 128 = ?$
88. $(13 * 7 + 9) - 4 = ?$
89. $(215 + 22 * 4) * 2 = ?$
90. $1399 - 555 + 44 = ?$
91. $(31 + 22 * 3) - (49 / 7) = ?$
92. $8 + 88 + 888 + 8888 = ?$
93. $604 - (18 * 18) - 101 = ?$

N) Mathematische Fähigkeiten: Rechenzeichen einsetzen

In dieser Rubrik geht es darum herauszufinden, welche Rechenzeichen (+ - * /) jeweils anstelle der Fragezeichen (?) in eine Aufgabe eingesetzt werden müssen, sodass das vorgegebene Ergebnis korrekt ist.

Legende: ?   Ist der Platzhalter für das erste Operationszeichen
           ??   Ist der Platzhalter für das zweite Operationszeichen
           ???   Ist der Platzhalter für das dritte Operationszeichen
           ????   Ist der Platzhalter für das vierte Operationszeichen

Beispiel: $49 ? 35 = 84$

Lösung: Hier müsste das Additionszeichen (+) anstelle des
            Fragezeichens eingesetzt werden, sodass die vorgegebene
            Lösung stimmt.

Bearbeitungszeit: 15 Minuten

94. $29 ? 4 = 116$
95. $124 ? 39 = 85$
96. $2 ? 5 ?? 7 = 17$
97. $(21 ? 3) ?? 93 = 100$
98. $444 ? 222 ?? 111 ??? 333 = 444$
99. $(13 ? 5 ?? 15) ??? (8 ???? 9) = 8$
100. $7 ? 77 ?? 777 ??? 7777 ???? 638 = 8000$
101. $(2220 ? 2) ?? (1 ??? 1 ???? 1) = 3330$
102. $(9500 ? 2300 ?? 1150 ??? 650) ???? 2 = 325$

O) Beobachtungsgabe: Welches Zeichen ist anders in einer Reihe?

In dieser Rubrik wird deine Beobachtungsgabe überprüft. Dabei gilt es möglichst schnell zu erkennen, welches Zeichen in einer vorgegebenen Reihe von der Originalreihe abweicht?

Beispiel: Angenommen, folgende Originalreihe sei vorgegeben:

DSFLÖKÖLFKÖLWEIROPIEWPORIPOEIPOKFÖLDKFÖLKDÖLWPUI

Hier nun die zu überprüfende Reihe:

DSFLÖKÖLFKÖLWEIROPIEWPORIPOEIPOKFÖLDKEÖLKDÖLWPUI

Lösung: Hier wurde der Buchstabe „F" durch ein „E" ausgetauscht.

DSFLÖKÖLFKÖLWEIROPIEWPORIPOEIPOKFÖLDK**E**ÖLKDÖLWPUI

Bearbeitungszeit: 2 Minuten

103. RZGLLLKOTZHBNMNKLÖDFGWERPOIUHHHGJIUUKLMNN
RZGLLLKOTZHBNMNKLÖDFGWERPOIUMHHGJIUUKLMNN

104. YXCBNMEWRUIOASDFÖKÖLSDFÖWLERUJOIASNWERUIO
YXCBNMEWRUIOASDFÖKOLSDFÖWLERJOIASNWERUIO

105. WQEUIOGKFLÖSDKFLÖKDÖLFKÖSRIWEPORIPONFMGDG
WQEUIOGKFLÖSDKFLÖKDÖLFKÖSRIWEPORLPONFMGDG

106. ASDFJGKLDFKGJLKFJDLGKRIEORIPEWVXCNMVNXCMC
ASDFJGKLDFKGJLKFJDLGKRIFORIPEWVXCNMVNXCMC

107. POIIOWEURIOEUWDSJFKLSDFUERIOEWQETRQTWEZREU
POIIOWEURIOEUVDSJFKLSDFUERIOEWQETRQTWEZREU

108. MNBXNMCYBMNXCBSAHDJHASKJDHJKASHKJDEUWIEU
MNBXNMCYBMNXCBSAHDJHASKJDHJKASHKIDEUWIEU

109. DASFDGHSFAGDSDHFKJHSDKJFHKJFGURTIERUITUEIRUI
DASFDGHSFACDSDHFKJHSDKJFHKJFGURTIERUITUEIRUI

110. ZWEUZRIUERIPORETIPOREITPOEIRTNXCVMNMCVMCWE
ZWEUZRIUERIPOSETIPOREITPOEIRTNXCVMNMCVMCWE

111. YDRTHNJKOIUZTREWWPPOIUZZNUHDFTWLPOFKITSUHK
YDRTHNJKOIUZTREWWPPOJUZZNUHDFTWLPOFKITSUHK

P)   Merkfähigkeit: Wörter / Zahlen einprägen

In der folgenden Rubrik geht es darum, dass du dir möglichst schnell viele vorgegebene Begriffe einprägst, zu denen dann anschließend einige Fragen gestellt werden.

Beispiel: Angenommen, es sei folgende Tabelle mit Begriffen vorgegeben:

Zeit zum Einprägen: 2 Minuten. Bitte erst nach der Einprägezeit umblättern.

Lebensmittel	*Automarke*	*Unterrichtsfach*	*Mädchenname*
Brot	**BMW**	**Physik**	**Barbara**
Käse	**OPEL**	**Englisch**	**Iris**
Wurst	**FORD**	**Kunst**	**Heike**
Marmelade	**MERCEDES**	**Musik**	**Sandra**

Frage: In welcher Rubrik beginnt ein Begriff mit dem Buchstaben „H"?

Lösung: In der Rubrik „Mädchenname" beginnt der Begriff „Heike" mit dem Buchstaben „H".

112.

Beruf	Fluss	Hauptstadt	Märchen der Gebrüder Grimm
Tischler	Donau	Madrid	Aschenputtel
Ärztin	Erft	Stockholm	Rotkäppchen
Kraftfahrer	Elbe	Tokio	Dornröschen
Lehrerin	Weser	Rom	Hans im Glück

Zeit zum Einprägen: 2 Minuten. Bitte erst nach der Einprägezeit umblättern.

112 a) Welcher Hauptstadtname enthält drei Vokale?

112 b) Wie lautet die Berufsbezeichnung, die aus 11 Buchstaben besteht?

112 c) In welcher Zeile (ohne Überschriftszeile) befindet sich ein Märchen der Gebrüder Grimm, das mit dem Buchstaben „D" beginnt, und wie lautet die genaue Bezeichnung?

112 d) Wie lauten die Namen der zwei Flüsse, die mit dem Buchstaben „E" beginnen?

Bearbeitungszeit: 2 Minuten

113.

Farbe	Bundesland	Planet	Automarke	Maßeinheit
grün	Bremen	Uranus	BMW	Meter
rot	Bayern	Venus	OPEL	Kilogramm
gelb	NRW	Erde	FORD	Liter
grau	Sachsen-Anhalt	Mars	FIAT	Hektar
blau	Sachsen	Jupiter	MERCEDES	Km/h
schwarz	Hamburg	Saturn	VW	Kubikmeter
orange	Rheinland-Pfalz	Neptun	TOYOTA	Zentimeter

Einprägezeit: 3 Minuten. Bitte erst umblättern, nachdem die Einprägezeit vorbei ist.

113 a) Wie lautet der Name des Planeten, der (ohne Überschriftszeile) in der dritten Zeile genannt wird?

113 b) Welche Farbe steht in der zweiten Zeile (ohne Überschriftszeile)?

113 c) Welche Maßeinheit wird in der siebten Zeile (ohne Überschriftszeile) der Spalte „Maßeinheit" genannt?

113 d) Wie lautet der Name der Automarke, die mit einem Vokal beginnt?

113 e) Welches Bundesland wird in der siebten Zeile (ohne Überschriftszeile) genannt?

113 f) In welcher Zeile (ohne Überschriftszeile) beginnen genau zwei Begriffe mit dem Buchstaben „S", und wie heißen diese genau?

Bearbeitungszeit: 3 Minuten

114.

Natürliche Zahlen: Das sind alle Zahlen, die größer als 0 sind, und die keine Nachkommastellen haben, wie z. B.: 1 – 2 – 3 – 4 – usw.

Primzahlen: Das sind alle Zahlen, die nur durch sich selbst und durch 1 ohne Rest geteilt werden können: 2 – 3 – 5 – 7 – 11 – 13 – 17 usw.

Quadratzahlen: Das sind alle Zahlen, die mit sich selbst multipliziert werden, wie z. B.: 1 x 1 = **1**; 2 x 2 = **4**; 3 x 3 = **9**; 4 x 4 = **16** usw.

Natürliche Zahlen	Primzahlen	Quadratzahlen
224	41	361
444	61	576
812	37	256
517	59	400
632	31	625
999	67	441
289	53	784
256	71	289
876	43	841
227	47	676

Einprägezeit: 12 Minuten. Bitte erst umblättern, nachdem die Einprägezeit vorbei ist.

114 a) Welche Quadratzahl ist als einzige identisch mit einer der genannten Natürlichen Zahlen?

114 b) Welche der genannten Primzahlen taucht nicht in der Tabelle auf?
31 – 61 – 73

114 c) Wie lauten die beiden „Schnapszahlen" in der Rubrik der Natürlichen Zahlen? (*Schnapszahlen*: Das sind Zahlen, die komplett nur aus gleichen Ziffern bestehen, wie z. B.: 111, 222 usw.)

114 d) Wie lautet die Quadratzahl, die mit der Ziffer 3 beginnt?

114 e) Welche Primzahl steht in der dritten Zeile (ohne Überschriftszeile)?

114 f) Wie lauten die zwei Natürlichen Zahlen, die jeweils mit der Ziffer 8 beginnen?

114 g) Welche Quadratzahl steht in der fünften Zeile (ohne Überschriftszeile)?

114 h) Welche der genannten Primzahlen hat die Quersumme 14?

Erläuterung zum Begriff „*Quersumme*":

Die Quersumme einer Zahl kannst du ermitteln, indem du alle Ziffern einer mehrstelligen Zahl addierst.

Beispiel: Angenommen, die Zahl lautet 725.

Dann ergibt sich hier die Quersumme: $7 + 2 + 5 = 14$.

Bearbeitungszeit: 5 Minuten

Q)   Merkfähigkeit: Begriffe merken

Auch in der folgenden Rubrik geht es darum, dass du dir möglichst viele Begriffe in möglichst kurzer Zeit einprägst. Anschließend werden dann Fragen zu den zuvor eingeprägten Begriffen bzw. zu deren Positionen innerhalb der jeweiligen Tabelle gestellt.

Beispiel:

Pappel	Schumann	Quark	Tanne
Kunst	Chemie	Buche	Informatik
Beethoven	Erdbeeren	Philosophie	Schubert
Spanisch	Erle	Dinkelbrot	Trauerweide
Marmelade	Chopin	Mahler	Gemüse

Einprägezeit: 3 Minuten

Nachdem du dann die obige Tabelle abgedeckt hast, sollten folgende Fragen beantwortet werden:

- In welcher Spalte befindet sich das Schulfach mit dem Anfangsbuchstaben „C"?
- In welchen Spalten befinden sich zwei Namen von berühmten Komponisten, deren Anfangsbuchstaben ein „S" sind?
- Welches Lebensmittel wird in der vierten Spalte genannt?
- In der wievielten Zeile befindet sich das Schulfach mit dem Anfangsbuchstaben „P"?

Lösungen:

- Das Schulfach Chemie befindet sich in der zweiten Spalte.
- Die Komponisten Schumann und Schubert befinden sich in den

Spalten zwei und vier.

- Das Lebensmittel in der vierten Spalte ist Gemüse.
- Das Schulfach mit dem Anfangsbuchstaben „P" (Philosophie) befindet sich in der dritten Zeile.

115.

blau	Hammer	Finnland	Bücherei	hell
Notebook	Mandala	Winter	Lehrbuch	Silvester
Wasserball	Köln	Vier gewinnt	Nudeln	Floristin
Zahnärztin	Corona	Apfelsaft	Selfie	basteln
Maler	Schokolade	Urlaub	Nikolaus	Hermine
Sachkunde	Aula	Schach	Hamburg	Weitsprung
Party	Gedicht	Leserin	Teneriffa	Tülay
Gewitter	Computer	Grönland	Klavier	Diamant

Einprägezeit: 12 Minuten

Bitte erst umblättern, nachdem die Einprägezeit abgelaufen ist.

115 a) In der wievielten Zeile befindet sich der Begriff „Schokolade“?

115 b) Welches Lebensmittel wird in der vierten Spalte genannt?

115 c) In welcher Zeile wird der Begriff „Sachkunde“ genannt?

115 d) Welcher Ort wird in der dritten Zeile der zweiten Spalte genannt?

115 e) Wie heißt das Land in der ersten Zeile?

115 f) Welches Wort in der vierten Spalte beginnt mit „S“?

115 g) Welche Insel wird in der siebten Zeile genannt?

115 h) Welches Wort der zweiten Spalte beginnt mit „A“?

115 i) Welche Farbe wird in der Tabelle genannt?

115 j) Welche beiden Spiele werden in der dritten Spalte genannt?

Bearbeitungszeit: 4 Minuten

R)   Merkfähigkeit: Adressen merken

In dieser Rubrik geht es darum, dass du dir zunächst folgende Adressen (komplett) einprägst. Anschließend werden verschiedene Fragen zu bestimmten Details gestellt, die du dann aus deinem Gedächtnis beantworten sollst.

Bitte beachte, dass du erst auf die nächste Seite umblätterst nachdem die Einprägezeit von insgesamt 15 Minuten vollständig abgelaufen ist.

116.

Hannah Schäfer, 12 Jahre **Hobby: Reiten** **Mendelstraße 5** **40200 Düsseldorf**	**Leon Zack, 10 Jahre** **Hobby: Judo** **Prinzengasse 12** **80340 München**
Sophia Schulz, 8 Jahre **Hobby: Reiten** **Karlstraße 55** **10540 Berlin**	**Luis Krall, 8 Jahre** **Hobby: Schwimmen** **Siebelstraße 71** **40230 Düsseldorf**
Clara Ecker, 10 Jahre **Hobby: Malen** **Zollhausstraße 26** **50280 Köln**	**Noah Weidmann, 9 Jahre** **Hobby: Schach** **Goethestraße 77** **60450 Frankfurt**
Leni Sammer, 11 Jahre **Hobby: Lesen** **Glemer Weg 10** **70200 Stuttgart**	**Luca Fischer, 11 Jahre** **Hobby: Modellbauen** **Zapfstraße 43** **30560 Hannover**
Frieda Müller, 9 Jahre **Hobby: Kochen** **Florastraße 92** **51080 Köln**	**Henry Schwarz, 12 Jahre** **Hobby: Gärtnern** **Waldstraße 5** **10520 Berlin**

116 a) Welche Person wohnt in der Goethestraße 77?

116 b) Wie alt ist Leni Sammer?

116 c) Welches Hobby hat Leon Zack?

116 d) In welcher Straße wohnt Hannah Schäfer?

116 e) Wer wohnt in 30560 Hannover?

116 f) In welcher Stadt (inkl. PLZ) wohnt Sophia Schulz?

116 g) Welche Schülerin ist 10 Jahre alt?

116 h) Wie lautet der Name des Schülers, der Gärtnern als Hobby nennt?

116 i) Wer wohnt in der Florastraße 92?

116 j) Welches Hobby hat Luis Krall?

Bearbeitungszeit: 5 Minuten

S) Merkfähigkeit: Texte einprägen, anschließend Fragen beantworten

In der folgenden Rubrik geht es darum, dass du dir zunächst einen vorgegebenen Text innerhalb einer vorgegebenen Zeit (4 Minuten) einprägst. Anschließend blätterst du bitte um zu den Fragen, die du dann detailliert beantworten solltest.

117.

Bundesdeutscher Gedächtniswettbewerb für Schüler*innen 2021

Am 02.11.2021 fand in der Aula des Gutenberg-Gymnasiums in Memohausen der inzwischen 20. Bundesdeutsche Gedächtniswettbewerb statt. Insgesamt nahmen 150 Schüler*innen teil, die sich zuvor in den landesweiten Vorausscheidungswettbewerben für diese Endrunde qualifiziert hatten. 70 Jungen sowie 80 Mädchen aus den Klassenstufen fünf und sechs absolvierten jeweils einen Parcours von 25 unterschiedlichen Aufgaben zur Überprüfung der individuellen Gedächtnisleistungen. U. a. gab es Tests in den Bereichen: Zahlenreihen merken, Namenslisten wiederholen, Bildfolgen korrekt benennen und einiges mehr, Der gesamte Testdurchlauf dauerte drei Stunden. In der Rubrik „Zahlenreihen merken" gewann die 12-jährige Schülerin Hannah mit einer überragenden Leistung von 112 korrekt wiederholten Zahlen einer langen Zahlenkette. Der 11-jährige Jonas siegte in der Rubrik „Namenslisten wiederholen". Siegerin in der Rubrik „Bildfolgen korrekt benennen" wurde die 11-jährige Leni. Gesamtsieger wurde der 12-jährige Noah, der in 18 der insgesamt 25 Einzeltests die jeweils besten Leistungen erzielen konnte. Das Preisgeld in Höhe von 5.000 € wurde gesponsert von der Stadtsparkasse in Memohausen. Die Veranstaltung wurde von 324 Zuschauer*innen besucht, die hinter einer schalldichten Abdeckung das Geschehen beobachten konnten. Der nächste Bundesdeutsche Gedächtniswettbewerb 2022 findet am 02.11.2022 in Chunkhausen statt, Anmeldeschluss ist der 31.03.2022.

117 a) An welchem Datum fand der Bundesdeutsche Gedächtniswettbewerb 2021 statt?

117 b) Wie viele Schüler*innen nahmen insgesamt teil?

117 c) Wie viele Mädchen nahmen insgesamt teil?

117 d) Aus welchen Klassenstufen nahmen Schüler*innen teil?

117 e) Wie lange dauerte der gesamte Testdurchlauf?

117 f) Wer gewann in der Rubrik „Zahlenreihen merken"?

117 g) Wie alt war der Gewinner in der Rubrik „Namenslisten wiederholen?

117 h) Welche Rubrik gewann die 11-jährige Leni?

117 i) Wie lautet der Name des Gesamtsiegers?

117 j) Wie hoch war das Preisgeld?

117 k) Wie viele Zuschauer*innen besuchten die Veranstaltung?

117 l) Wann genau ist der Anmeldeschluss für den Bundesdeutschen Gedächtniswettbewerb 2022?

Bearbeitungszeit: 8 Minuten

T) Buchstabensalat

118) In der folgenden Tabelle sind insgesamt 4 Nomen (Hauptwörter) und 4 Adjektive (Wie-Wörter) versteckt. Die Wörter können entweder von rechts nach links, oder von oben nach unten, oder diagonal (d. h. von links oben nach rechts unten) angeordnet sein.

Bearbeitungszeit: 5 Minuten

M	T	F	K	L	D	L	O	U	W	Q	N	P	T	S
X	Z	F	H	Z	I	G	H	K	M	N	E	Z	U	D
R	F	F	T	E	V	E	K	L	E	I	N	B	L	V
Q	S	Z	M	U	U	B	B	E	L	O	N	I	E	P
E	C	W	C	G	C	Y	M	E	U	I	P	R	H	N
W	H	N	N	U	O	F	P	V	C	X	W	R	U
Q	N	M	U	I	G	G	R	E	I	O	E	T	E	T
R	E	F	D	S	Q	W	R	E	R	Z	L	Z	R	S
N	L	M	V	C	C	G	D	L	J	I	U	L	E	C
Q	L	S	C	H	U	L	E	N	M	F	N	Z	R	H
V	V	X	E	O	P	L	J	R	K	K	N	M	R	L
F	G	H	D	K	J	H	I	O	P	T	T	R	D	A
Y	Z	R	R	W	U	N	D	E	R	B	A	R	J	U
L	U	I	Z	N	M	G	F	T	N	O	P	E	W	B
R	M	K	K	Z	V	Y	T	F	O	I	O	H	J	I

119) In der folgenden Tabelle sind insgesamt 4 Nomen (Hauptwörter) und 4 Verben (Tu-Wörter) versteckt. Die Wörter können entweder von rechts nach links, oder von oben nach unten, oder diagonal (d. h. von links oben nach rechts unten) angeordnet sein.

Bearbeitungszeit: 5 Minuten

T	M	K	K	N	I	O	T	V	Y	Z	W	M	I	B
Q	K	P	P	L	V	U	M	T	B	D	L	I	W	B
P	I	H	K	Q	A	Y	Y	J	K	O	U	M	H	H
W	S	T	Z	L	P	S	T	X	Y	U	I	P	W	Q
R	P	W	M	M	K	Z	S	R	L	P	T	F	Y	U
W	I	Y	K	M	T	R	I	E	Z	R	B	U	X	L
M	E	R	W	J	J	O	P	Z	N	B	V	N	V	A
L	L	K	V	M	W	B	I	V	Y	R	U	G	T	U
K	E	K	C	O	R	O	N	A	T	D	A	D	R	F
M	N	S	Z	Z	U	W	N	F	V	I	K	U	K	E
G	B	W	E	P	T	B	M	V	W	P	N	T	M	N
X	M	T	V	N	K	A	R	B	I	T	E	N	P	W
G	J	X	O	M	T	J	R	Z	P	P	W	Z	J	D
L	O	Z	T	B	R	W	T	A	F	E	L	Q	N	M
P	I	H	G	Z	Z	B	V	C	C	S	G	S	M	H

48 von 80

U) Oberbegriffe finden

In der folgenden Rubrik geht es darum herauszufinden, welche Begriffe in der linken Spalte jeweils passende Oberbegriffe zu den in der rechten Spalte genannten Wörtern sind?

Beispiel:

Wassersport	Barbara
Wetterphänomen	Zugspitze
Vorname	Segeln
Fluss	Wirbelsturm
Berg	Rhein

Hier wäre die korrekte Zuordnung wie folgt:

Wassersport	===>	Segeln
Wetterphänomen	===>	Wirbelsturm
Vorname	===>	Barbara
Fluss	===>	Rhein
Berg	===>	Zugspitze

120.

Farbe	Alpen
Musikinstrument	Sendung mit der Maus
Unterrichtsfach	Schwester
Sportart	Hammer
Gebirge	Mathematik
Märchen	Apfel
Familienmitglied	Bleistift
Nahrungsmittel	Volleyball
Obst	Fahrrad
Kindersendung im TV	Multiplikation
Haustier	grün
Verkehrsmittel	Kakao
Werkzeug	Hänsel und Gretel
Rechenart	Brot
Schreibgerät	Klavier
Getränk	Meerschweinchen

Bearbeitungszeit: 4 Minuten

121.

Süßigkeit	Schrank
Fluss	Liebe
Kleidungsstück	Physik
Begriff aus der Musik	KIKA
Himmelskörper	Holz
Möbelstück	Kinderärztin
Blume	Tesafilm
Baumart	Tonleiter
Fernsehsender	Tiger
Glücksspiel	Schokolade
Naturwissenschaft	Astrid Lindgren
Flugzeugtyp	Amsel
Fachärztin	Hose
Klebstoff	Tornado
Schönes Gefühl	Rose
Kontinent	Rhein
Baustoff	A 380
Vogel	Mond
Raubtier	Europa
Wetterphänomen	Ahorn
Kinderbuchautorin	Lotto

Bearbeitungszeit: 4 Minuten

V) Passende Begriffe finden

In der folgenden Rubrik geht es darum, dass du zu einem vorgegebenen Oberbegriff aus einer Liste exakt nur solche Wörter herausfindest, die zu dem vorgegebenen Oberbegriff passen.

Beispiel:

Angenommen, der Oberbegriff lautet „Schule". Gegeben sei folgende Liste:

Schulhof – Lehrerin – Kino – Schulranzen – Federmäppchen – Schwimmbad – Sommerferien – Mitschülerin – Noten – Zeugnis – Fahrradsattel – Pausengong – Klassenarbeit – Erdbeereis – Schokolade – Lehrerpult – Lehrerzimmer – Nachhilfeunterricht – Reitsport - Aula

Hier lauten die korrekten Wörter, die allesamt dem Oberbegriff „Schule" zugeordnet werden können:

Schulhof, Lehrerin, Schulranzen, Federmäppchen, Sommerferien, Mitschülerin, Noten, Zeugnis, Pausengong, Klassenarbeit, Lehrerpult, Lehrerzimmer, Nachhilfeunterricht, Aula

122. Der vorgegebene Begriff lautet „Raubtiere":

Gegeben ist folgende Liste:

Affe – Tiger – Kuh – Elefant – Leopard – Krokodil – Känguru – Amsel – Schmetterling – Antilope – Giraffe – Löwe – Schwein – Reh – Wolf – Nashorn – Flamingo – Tapir – Meerschweinchen – Hauskatze – Panther – Hirsch – Fliege – Gepard – Delfin – Ente – Python – Storch – Maus – Kanarienvogel – Hyäne – Kaninchen – Gans – Eisbär – Zaunkönig – Grizzly – Hase – Dackel – Luchs – Hamster

Bearbeitungszeit: 2 Minuten

123.

Es sollen alle Zahlen herausgefunden werden, die ohne Rest durch 5 teilbar sind.

Gegeben ist folgende Liste:

25 – 49 – 77 – 100 – 225 – 99 – 80 – 60 – 52 – 47 – 110 – 82 – 19 – 44 – 200 – 11 – 22 – 69 – 90 – 27 – 39 – 5 – 92 – 91 – 75 – 61 – 29 – 54 – 101

Bearbeitungszeit: 3 Minuten

W)   Schnell Wörter finden

In dieser Rubrik geht es darum zu vorgegebenen Ausgangsbedingungen möglichst viele Wörter aufzuschreiben.

Beispiel: Angenommen, die Ausgangsbedingung lautet:
Schreibe möglichst viele Wörter auf, die mit dem Anfangsbuchstaben B beginnen.

Dann könnte Ihre Liste z. B. wie folgt aussehen:

Baum – Bus – Bär – Brot – Buche – Bild – Bochum – Boot usw.

<u>Hinweis:</u> Zur Bearbeitung dieser Aufgabe darfst du einen Schreibblock verwenden.

124.   a)   Schreib' nun binnen einer Minute möglichst viele Wörter auf, die mit dem Buchstaben „L" beginnen.

b)   Schreib' bitte binnen einer Minute möglichst viele Wörter auf, deren zweiter Buchstabe ein „i" ist.

c)   Schreib' nun binnen einer Minute möglichst viele Adjektive auf, deren Anfangsbuchstabe ein „g" ist.

X) Sinnlose Silben

In dieser Rubrik geht es darum, dass du dir möglichst viele „sinnlose" Silben einprägst, die dann anschließend – nach einer dreiminütigen Wartezeit – überprüft werden. Sinn und Zweck dieser Aufgabe ist es, deine Gedächtnisfunktion zu überprüfen.

125.   Präge dir bitte zunächst möglichst viele der nachfolgenden Silben ein. Für diesen Einprägevorgang stehen dir insgesamt fünf Minuten zur Verfügung.

ghj	rtz	jjl
wrr	tzt	hjk
dfg	kjh	wsc
qsc	ppl	wwt
vvb	nmn	xxc
ukk	qqk	ztz
bvc	xyx	ttm
ftb	ppw	njj
wxc	rnz	qmq
vvx	zhg	bpb

Nachdem die fünf Minuten Einprägezeit zzgl. der Wartezeit von drei Minuten vorbei sind, blätterst du bitte um auf die nächste Seite.

Bitte achte unbedingt darauf, dass du während der Wartezeit keinen Blick mehr auf die vorherige Tabelle mit den sinnlosen Silben wirfst; das ist ausdrücklich so gewollt.

Markiere nun in der folgenden Tabelle genau die zehn Silben, die in der vorherigen Tabelle tatsächlich vorgekommen sind.

Bearbeitungszeit: 3 Minuten

uur	ppl	yop
llk	kks	hjk
wii	wmj	aik
dfg	qqk	xxc
oop	wpl	lld
tli	qkv	wmj
rrm	soi	doi
qiq	emb	sin
ukk	rnz	fkh
tzt	nmn	njj

Y)   Merkfähigkeit

In der folgenden Rubrik wird deine Merkfähigkeit getestet. Zunächst solltest du dir möglichst viele Informationen binnen drei Minuten einprägen.

Anschließend blätterst du bitte auf die nächste Seite um, und beantwortest dann alle gestellten Fragen.

126. Farben	:	grün – rot – blau – gelb – schwarz
Getränke:	:	Limonade – Apfelsaft – Kakao Tee - Milch
Blumen	:	Rose – Nelke – Narzisse – Fresie Tulpe
Gebäude	:	Haus – Turm – Turnhalle – Stadion Burg
Spiel	:	Schach – Skat – Mau Mau – Mühle Halma
Planeten	:	Erde – Mars – Jupiter – Venus - Saturn
Unterrichtsfach	:	Mathematik – Deutsch – Sport Englisch – Musik

a)   Der Name welcher Farbe hat an der dritten Stelle ein „a"?
b)   Welche Spiele beginnen mit dem Buchstaben „S"?
c)   Welcher Gebäude endet mit dem Buchstaben „e"?
d)   Welche Unterrichtsfächer enthalten den Buchstaben „u"?
e)   Welche Getränke enden nicht mit einem Vokal?
f)   Welche Farben bestehen aus genau vier Buchstaben?
g)   Welche Blumennamen beginnen mit einem „N"?
h)   Welcher Gebäudename enthält genau sieben Buchstaben?
i)   Welche Spiele enden mit einem Vokal?
j)   Welches Getränk hat an der zweiten Stelle keinen Vokal?

Z)   Sudoku

In dieser Rubrik soll ein Sudoku möglichst schnell gelöst werden.

Zielvorgabe: Sinn und Zweck des folgenden Sudokus ist es, dass in jeder
                Zeile sowie in jeder Spalte, und zudem in jedem einzelnen
                3 x 3 Quadrat jede der Ziffern von 1 bis 9 exakt einmal
                vorkommt. In keiner Zeile, keiner Spalte und keinem
                3 x 3 Quadrat dürfen einzelne Ziffern mehrfach vorkommen;
                und es darf zudem keine Ziffer fehlen.

Bearbeitungszeit: 15 Minuten

127.

	8			7		6	4	9
3		1	6	9		2		
4			5				3	
	6		3	1	8			
7								2
	8	4	2		3			
	9				8			3
	3		5	7	1			6
1	2	5		4			7	

Lösungen

A)   Sprachliche Intelligenz: Welches Wort passt nicht?

1. Schulheft (ist kein Schreibgerät)
2. Amsterdam (ist keine deutsche Stadt)
3. Bahnhofshalle (ist kein Teil eines Schulgebäudes)
4. Klavier (ist kein Blasinstrument)
5. Zeh (ist kein inneres Organ)
6. Bogenschießen (ist keine Ballsportart)
7. Löwe (ist kein Haustier)
8. Schach (ist keine Sportart, die zur Leichtathletik gehört)

B)   Sprachliche Intelligenz: Gleiche Wortbedeutung?

9. ansehnlich
10. unpräzise
11. ablehnen
12. nicht beachten
13. bestätigen
14. verlangsamen
15. rein
16. böswillig ärgern

C)   Sprachliche Intelligenz: Buchstabensalat

17.   Corona
18.   Freizeit
19.   Spielplatz
20.   Virus
21.   Märchen
22.   Freundin

23. Lockdown
24. Eisdiele
25. Ferien
26. Impfung

D) Sprachliche Intelligenz: Buchstabengruppen

27. DGJMP
28. MNORS
29. BCDFG
30. KLMNO

E) Sprachliche Intelligenz: Buchstabenreihen

31. u   (jeweils nächster Vokal)
32. w   (jeweils 2. Buchstabe nach nächstem Vokal)
33. q   (jeweils drei Buchstaben überspringen)
34. x   (jeweils 3. Buchstabe nach nächstem Vokal)
35. a   (jeweils vorangehender Vokal)

F) Logisches Denken: Analogien

36. Monat
37. Märchengestalten
38. Kleid
39. Lehrerin
40. Nase
41. Kleinstadt
42. Sprache
43. Herz 7

G) Logisches Denken: Schlussfolgerungen

44. C
45. B
46. Barbara
47. Max
48. Franz
49. 46
50. 4

H) Logisches Denken: Zahlenreihen ergänzen

51. Berechnungsschema: +4
     Gesuchte Zahl: 21
52. Berechnungsschema: * 2
     Gesuchte Zahl: 96
53. Berechnungsschema: *3 +1
     Gesuchte Zahl: 39
54. Berechnungsschema: +1, +2, +3 (wiederholend)
     Gesuchte Zahl: 10
55. Berechnungsschema: 1*1, 3*3, 5*5, 7*7, 9*9, 11*11
     Gesuchte Zahl: 121
56. Berechnungsschema: -7
     Gesuchte Zahl: 65
57. Berechnungsschema: *4, +2
     Gesuchte Zahl: 104
58. Berechnungsschema: +11 bzw. jeweils nächste Schnapszahl
     Gesuchte Zahl: 66

I)   Logisches Denken: Silbenrätsel

59.   Füller – Smartphone – Spielplatz
60.   Unterricht – Pause – Prüfung
61.   Bücherei – Märchen – Mobbing
62.   Freizeit – Konzentration – Zeugnis
63.   Geburtstag – Fernsehturm – Rodelbahn

J)   Logisches Denken: Wochentage

64.   Mittwoch
65.   Dienstag
66.   Freitag
67.   Donnerstag
68.   Samstag

K)   Logisches Denken: Unmögliches erkennen

69.   d
70.   d
71.   b
72.   c
73.   e

L)   Logisches Denken: Meinung oder Tatsache?

74.   Tatsache
75.   Tatsache
76.   Meinung
77.   Tatsache
78.   Tatsache

79.	Meinung
80.	Meinung
81.	Tatsache
82.	Tatsache
83.	Meinung

M)   Mathematische Fähigkeiten: Kopfrechnen

84.	48
85.	95
86.	228
87.	8
88.	96
89.	606
90.	888
91.	90
92.	9872
93.	179

N)   Mathematische Fähigkeiten: Rechenzeichen einsetzen

94.	*			
95.	-			
96.	*	+		
97.	/	+		
98.	+	+	-	
99.	*	+	-	*
100.	+	+	+	-
101.	/	*	+	+
102.	-	+	+	/

O)   Beobachtungsgabe: Welches Zeichen ist anders in einer Reihe?

103.   M
104.   O
105.   L
106.   F
107.   V
108.   I
109.   C
110.   S
111.   J

P)   Merkfähigkeit: Wörter einprägen, falsche Wörter identifizieren

112 a) Tokio
112 b) Kraftfahrer
112 c) 3. Zeile, Dornröschen
112 d) Erft, Elbe

113 a) Erde
113 b) rot
113 c) Zentimeter
113 d) OPEL
113 e) Rheinland-Pfalz
113 f) 6. Zeile, schwarz, Saturn

114 a) 289
114 b) 73
114 c) 444, 999
114 d) 361
114 e) 37
114 f) 812, 876
114 g) 625
114 h) 59

Q)   Merkfähigkeit: Begriffe merken

115 a) 5. Zeile
115 b) Nudeln
115 c) 6. Zeile
115 d) Köln
115 e) Finnland
115 f) Selfie
115 g) Teneriffa
115 h) Aula
115 i) blau
115 j) Vier gewinnt, Schach

R)   Merkfähigkeit: Adressen merken

116 a) Noah Weidmann
116 b) 11 Jahre
116 c) Judo
116 d) Mendelstraße 5
116 e) Luca Fischer
116 f) 10540 Berlin
116 g) Clara Ecker
116 h) Henry Schwarz
116 i) Frieda Müller
116 j) Schwimmen

S)   Merkfähigkeit: Texte einprägen, anschließend Fragen beantworten

117 a) 02.11.2021
117 b) 150 Schüler*innen
117 c) 80 Mädchen
117 d) Klassenstufen fünf und sechs

117 e) drei Stunden

117 f) Hannah

117 g) 11 Jahre

117 h) Bildfolgen korrekt benennen

117 i) Noah

117 j) 5.000 €

117 k) 324 Zuschauer*innen

117 l) 31.03.2022

T) Buchstabensalat

118. Für jedes korrekt gefundene Wort gibt es 1 Punkt.
Hauptwörter: Schule – Lehrer – Ferien – Zeugnis
Adjektive: wunderbar – klein – schlau – liebevoll

119. Für jedes korrekt gefundene Wort gibt es 1 Punk,
Hauptwörter: Corona – Impfung – Klassenraum – Tafel
Verben: spielen – lesen – arbeiten - laufen

U) Oberbegriffe finden

120.
Farbe	:	grün
Musikinstrument	:	Klavier
Unterrichtsfach	:	Mathematik
Sportart	:	Volleyball
Gebirge	:	Alpen
Märchen	:	Hänsel und Gretel
Familienmitglied	:	Schwester
Nahrungsmittel	:	Brot
Obst	:	Apfel
Kindersendung im TV	:	Sendung mit der Maus
Haustier	:	Meerschweinchen

Verkehrsmittel	:	Fahrrad
Werkzeug	:	Hammer
Rechenart	:	Multiplikation
Schreibgerät	:	Bleistift
Getränk	:	Kakao

121.

Süßigkeit	:	Schokolade
Fluss	:	Rhein
Kleidungsstück	:	Hose
Begriff aus der Musik	:	Tonleiter
Himmelskörper	:	Mond
Möbelstück	:	Schrank
Blume	:	Rose
Baumart	:	Ahorn
Fernsehsender	:	KIKA
Glücksspiel	:	Lotto
Naturwissenschaft	:	Physik
Flugzeugtyp	:	A 380
Fachärztin	:	Kinderärztin
Klebstoff	:	Tesafilm
Schönes Gefühl	:	Liebe
Kontinent	:	Europa
Baustoff	:	Holz
Vogel	:	Amsel
Raubtier	:	Tiger
Wetterphänomen	:	Tornado
Kinderbuchautorin	:	Astrid Lindgren

V)   Passende Begriffe finden

122.   Tiger – Leopard – Krokodil – Löwe – Wolf – Nashorn – Panther
        Gepard – Python – Hyäne – Eisbär – Grizzly – Luchs

123.   25 – 100 – 225 – 80 – 60 – 110 – 200 – 90 – 5 – 75

W)   Schnell Wörter finden

124.   Hier ist die jeweilige Lösung selbsterklärend.

X)   Sinnlose Silben

125.   dfg – ukk - tzt – ppl – nmn – qqk – rnz – hjk – xxc - njj

Y)   Merkfähigkeit

126.   a)   blau
        b)   Schach, Skat
        c)   Turnhalle
        d)   Deutsch, Musik
        e)   Apfelsaft, Milch
        f)   grün, gelb
        g)   Nelke, Narzisse
        h)   Stadion
        i)   Mau Mau, Mühle, Halma
        j)   Apfelsaft

Z)   Sudoku

127.

5	8	2	1	7	3	6	4	9
3	7	1	6	9	4	2	8	5
4	6	9	5	8	2	7	3	1
2	5	6	7	3	1	8	9	4
7	3	4	8	6	9	5	1	2
9	1	8	4	2	5	3	6	7
6	9	7	2	1	8	4	5	3
8	4	3	9	5	7	1	2	6
1	2	5	3	4	6	9	7	8

Punkteverteilung

1	:	1	51	:	2	86 a	:	1
2	:	1	52	:	2	86 b	:	1
3	:	1	53	:	2	86 c	:	1
4	:	1	54	:	2	86 d	:	1
5	:	1	55	:	3	86 e	:	1
6	:	1	56	:	3	86 f	:	1
7	:	1	57	:	3	86 g	:	1
8	:	1	58	:	3	86 h	:	1
9	:	1	59	:	2	86 i	:	1
10	:	1	60	:	2	86 j	:	1
11	:	1	61	:	2	87 a	:	1
12	:	1	62	:	2	87 b	:	1
13	:	1	63	:	2	87 c	:	1
14	:	1	64	:	2	87 d	:	1
15	:	1	65	:	2	87 e	:	1
16	:	1	66	:	2	87 f	:	1
17	:	1	67	:	2	87 g	:	1
18	:	1	68	:	2	87 h	:	1
19	:	1	69	:	2	87 i	:	1
20	:	1	70	:	2	87 j	:	1
21	:	1	71	:	2	88 a	:	1
22	:	1	72	:	2	88 b	:	1
23	:	1	73	:	2	87 c	:	1
24	:	1	74	:	1	87 d	:	1
25	:	1	75	:	1	87 e	:	1
26	:	1	76	:	1	87 f	:	1
27	:	2	77	:	1	87 g	:	1
28	:	2	78	:	1	87 h	:	1
29	:	2	79	:	1	87 i	:	1
30	:	2	80	:	1	87 j	:	1
31	:	2	81	:	1	87 k	:	1
32	:	2	82	:	1	87 l	:	1

33	:	2	83	:	1	101	:	3
34	:	2	84	:	1	102	:	3
35	:	2	85	:	1	103	:	1
36	:	2	86	:	1	104	:	1
37	:	2	87	:	2	105	:	1
38	:	2	88	:	2	106	:	1
39	:	2	89	:	2	107	:	1
40	:	2	90	:	3	108	:	1
41	:	2	91	:	3	109	:	1
42	:	2	92	:	3	110	:	1
43	:	2	93	:	3	111	:	1
44	:	3	94	:	3	112 a	:	2
45	:	3	95	:	3	112 b	:	2
46	:	3	96	:	3	112 c	:	2
47	:	3	97	:	3	112 d	:	2
48	:	3	98	:	3	113 a	:	2
49	:	3	99	:	3	113 b	:	2
50	:	3	100	:	3	113 c	:	2

113 d	:	2	115 e	:	2	116 j	:	2
113 e	:	2	115 f	:	2	117 a	:	2
113 f	:	2	115 g	:	2	117 b	:	2
114 a	:	2	115 h	:	2	117 c	:	2
114 b	:	2	115 i	:	2	117 d	:	2
114 c	:	2	115 j	:	2	117 e	:	2
114 d	:	2	116 a	:	2	117 f	:	2
114 e	:	2	116 b	:	2	117 g	:	2
114 f	:	2	116 c	:	2	117 h	:	2
114 g	:	2	116 d	:	2	117 i	:	2
114 h	:	2	116 e	:	2	117 j	:	2
115 a	:	2	116 f	:	2	117 k	:	2
115 b	:	2	116 g	:	2	117 l	:	2
115 c	:	2	116 h	:	2	118	:	8
115 d	:	2	116 i	:	2	119	:	8

120	:	Je richtige Zuordnung 1 Punkt (insgesamt 16 Punkte)
121	:	Je richtige Zuordnung 1 Punkt (insgesamt 21 Punkte)
122	:	Für jedes richtig erkannte Raubtier gibt es 2 Punkte. Insgesamt also 26 Punkte. Für jedes falsch genannte Raubtier wird 1 Punkt abgezogen.
123	:	Für jede korrekte Zahl gibt es 1 Punkt. Insgesamt demnach 10 Punkte. Für jede falsche Zahl wird 1 Punkt abgezogen.

124 a :

0 – 3 Wörter	:	1 Punkt
4 – 6 Wörter	:	2 Punkte
7 – 9 Wörter	:	3 Punkte
>= 10 Wörter	:	4 Punkte

124 b :

0 – 3 Wörter	:	1 Punkt
4 – 6 Wörter	:	2 Punkte
7 – 9 Wörter	:	3 Punkte
>= 10 Wörter	:	4 Punkte

124 c :

0 – 3 Wörter	:	1 Punkt
4 – 6 Wörter	:	2 Punkte
7 – 9 Wörter	:	3 Punkte
>= 10 Wörter	:	4 Punkte

125	:	Je richtig markierte Silbe 2 Punkte (Insgesamt 20 Punkte). Für jede falsch markierte Silbe werden 2 Punkte abgezogen.
126 a-j	:	Je 2 Punkte. (Insgesamt 20 Punkte)
127	:	Für das Sudoku gibt es – allerdings nur bei vollständig korrekter Lösung 40 Punkte.

Auswertung

Wie schon zuvor erwähnt, handelt es sich bei dem hier vorliegenden IQ-Test nicht um einen solchen, der unter wissenschaftlichen Aspekten erstellt wurde, sondern vielmehr um einen solchen, der dir die Gelegenheit geben sollte, möglichst typische Testaufgaben aus klassischen Bereichen (Logik, Sprache, Gedächtnis usw.) trainieren zu können.

Aus diesem Grund wird hier auch bewusst darauf verzichtet, konkrete IQ-Werte zu nennen. Voraussetzung dafür wäre eine wissenschaftlich gesicherte sowie statistisch-signifikante Kontrollgruppe, die hier jedoch nicht Gegenstand dieses IQ-Tests gewesen ist.

Von daher werden hier absichtlich nur grobe Orientierungsmarken genannt, sodass du dich mit anderen Kindern, die diesen IQ-Test unter vergleichbaren Bedingungen durchführen, vergleichen kannst.

Unabhängig davon, wie dein konkretes Testergebnis hier ausgefallen ist, solltest du bitte niemals vergessen, dass der hier ermittelte Testwert nichts über deine Qualitäten als Mensch aussagt. Neben verschiedenen intellektuellen Fähigkeiten, die sich mit klassischen Tests messen lassen, gibt es viele höchst wichtige und wertvolle Werte, die einen Menschen auszeichnen. Bitte vergiss das nicht, falls dein Testergebnis hier nicht so gut ausgefallen sein sollte, wie du es dir vielleicht erhofft hast.

505 – 511	:	Herausragendes Ergebnis
490 – 504	:	Sehr gutes Ergebnis
440 – 489	:	Ergebnis im oberen Mittelfeld
350 – 439	:	Durchschnittliches Ergebnis
300 – 349	:	Leicht unterdurchschnittliches Ergebnis
220 – 299	:	Ausbaufähiges Ergebnis
170 – 219	:	Relativ schwaches Ergebnis
100 – 169	:	Sehr schwaches Ergebnis
0 – 99	:	Extrem schwaches Ergebnis

Abschließende Empfehlung:

Bitte bedenke, dass sich derartige IQ-Testaufgaben innerhalb eines gewissen Leistungsrahmens trainieren lassen. Je häufiger du Testaufgaben solcher Art übst, desto besser werden perspektivisch deine Testergebnisse ausfallen.

Von daher solltest du dein hier ermitteltes Testergebnis bitte nur als eine Momentaufnahme betrachten, die nicht für alle Zeiten „in Stein gemeißelt ist".

Ich wünsche dir viel Freude sowie viel Erfolg bei deinem persönlichen IQ-Test!

Düsseldorf, im Herbst 2021

Kontakt zum Autor:

Psychologische Beratung & Lerncoaching, Aribert Böhme
Psychologischer Berater (SGD-Dipl.) & Lerncoaching
DV-Kfm. & EDV-Dozent & Autor
Mitglied im Who-is-Who Deutschland & Europa
E-Mail: Psychologische_Beratung_Boehme@gmx.de
Internet: www.aribertboehme.de

Notizen

Notizen

Buchempfehlungen:

IQ-Training für Kinder (2019) – 3. verbesserte Neuauflage
ISBN-13: 9783749422692
Aribert Böhme
Erscheinungsdatum: April 2021
Erhältlich als Buch und als eBook.

IQ-Training für Kinder 2020
ISBN-13: 9783750411272
Aribert Böhme
Erscheinungsdatum: 09.03.2020
Erhältlich als Buch und als eBook.

IQ-Training für Kinder 2021
ISBN-13: 9783752627466
Aribert Böhme
Erscheinungsdatum: 20.10.2020
Erhältlich als Buch und als eBook.

Denkanstöße 2018
52 Denkimpulse für 52 Wochen Deines Lebens
Aribert Böhme
ISBN-13: 9783746027579
Erhältlich als Buch und als eBook.

Gedichte & Interpretationen in Symbiose
Denkimpulse für wachsame Geister
Aribert Böhme & Raimundo Germandi
ISBN-13: 9783752832143
Erhältlich als Buch und als eBook.

Begleitende Videoliste zum Buch:
http://www.aribertboehme.de/Videoliste_2018.pdf

Siehe bitte auch folgende Internetseite:
Raimundo Germandi (Dichter & Denker)
http://raimundo-germandi.de/

Lernpsychologie kompakt
Basiswissen für interessierte Laien
Aribert Böhme
ISBN-13: 9783743196117
Erhältlich als Buch und als eBook.

Kontakt zum Autor:

Psychologische Beratung, Aribert Böhme

Psychologischer Berater (SGD-Dipl.) & Lerncoach

DV-Kfm. & EDV-Dozent & Autor

Mitglied im Who-is-Who Deutschland & Europa

E-Mail: Psychologische_Beratung_Boehme@gmx.de

Internet: www.aribertboehme.de

Privatunterricht im Raum Düsseldorf – Ratingen – Hilden – Neuss

Zielgruppe: Schüler*innen der Klassen 1 – 7 (alle Schulformen)

Fachbereiche: Mathematik, Deutsch, Englisch, Lerntechniken

Zusatzdienste: Lernpsychologische Beratung, Gedächtnistraining

Detaillierte Informationen: Psychologische_Beratung_Boehme@gmx.de